PHILOSOPHIE

MATHÉMATIQUES, MÉDECINE,

LOI MORALE

Par **HOROY**

➤

PARIS

BIBLIOTHÈQUE ECCLÉSIASTIQUE

AVENUE D'ORLÉANS, 32

1877

PHILOSOPHIE

MATHÉMATIQUES, MÉDECINE, LA LOI MORALE.

DE L'ALLIANCE DES MATHÉMATIQUES

ET DE LA PHILOSOPHIE.

L'existence des universités libres permet l'examen des diverses questions d'enseignement qu'il eût été superflu de traiter à une date encore peu éloignée. Parmi ces questions, la suivante nous paraît devoir trouver sa place :

Quels sont et doivent être les rapports mutuels des mathématiques et de la philosophie? Pourquoi, dans le passé, l'étude des unes et l'étude de l'autre ont-elles été souvent réunies? Y a-t-il profit à les séparer, dans le présent et dans l'avenir? ou, en d'autres termes, le philosophe peut-il et doit-il cesser d'être mathématicien? Le peut-il sans danger pour lui-même, sans danger pour la philosophie?

On sait que la méthode d'enseignement du clergé pour la philosophie a gardé le plus longtemps qu'elle a pu, si elle ne les conserve encore, les allures de la scolastique. C'est par là qu'elle a été préservée des vagues déclamations du langage, et qu'elle a contraint les jeunes intelligences de ses disciples à ne pas s'écarter d'une précision rigoureuse des idées, aussi bien que de la précision des termes.

La philosophie du haut enseignement dans les facultés de l'État a été environnée d'éclat et de renom, mais elle n'a pas évité les chances d'erreur. La philosophie plus humble des séminaires a formé des générations de prêtres capables d'envisager sans défaillances les problèmes de la pensée moderne.

Dans nos grands séminaires, la classe de philosophie était aussi, et peut-être cela a-t-il subsisté en quelque endroit, la classe des études mathématiques, à peine ébauchées dans les années précédentes, pendant le cours des humanités. C'était là encore l'une des traditions du passé, et cette tradition justifie, explique l'étude sommaire que nous entreprenons.

Sous le nom de *Mathesis*, science ou discipline, les Grecs comprenaient l'ensemble des connaissances évidentes et certaines, c'est-à-dire quelques notions d'arithmétique, de géométrie, de mécanique, d'optique et même de musique.

Nous disons : et même de musique. Or, Malebranche explique dans les termes suivants pourquoi la musique fut, de bonne heure, classée parmi les sciences exactes :

« Il n'y a que la raison qui nous fasse manifestement voir que l'espace de la corde qui fait la différence entre certains sons étant divisible en plusieurs parties, il peut y avoir un très-grand nombre de sons utiles et inutiles pour la musique, lesquels l'oreille ne peut discerner : d'où il est clair que *sans l'arithmétique et la géométrie, la musique régulière et exacte nous serait inconnue*, et que nous ne pouvons réussir en cette science que par hasard et par imagination, c'est-à-dire que la musique ne serait plus une science fondée sur des démonstrations incontestables, quoique les airs que l'on compose par la force de l'imagination soient plus beaux et plus agréables aux sens que ceux que l'on compose par les règles. » (*De la recherche de la vérité.*)

Si la musique relève de la géométrie et de l'arithmétique, premièrement parce qu'elle est une science fondée sur des démonstrations incontestables, et ensuite parce qu'elle repose sur des principes dont le rapport avec la loi des nombres ne peut être nié, il n'est pas moins vrai qu'elle était considérée souvent comme une alliée de la philosophie, soit en raison de ses effets moraux produits par les différents modes en usage chez les anciens, soit encore parce qu'elle comprenait cette partie théorique et *rationnelle* dont parle Malebranche.

La mécanique et la physique, à cause des lois générales sur lesquelles elles sont fondées, ont aussi, durant longtemps, trouvé place dans l'enseignement philosophique. Des chapitres consacrés à ces deux sciences se retrouvent dans les ouvrages jadis classiques des *Institutiones philosophicæ ad usum juventutis.* C'est ainsi d'ailleurs qu'à Rome, à l'Université romaine pontificale, au temps où une université pontificale existait, le Collége philosophique, *Collegio filosofico*, comprenait des professeurs titulaires des chaires de mécanique, d'optique, de physique expérimentale. Le côté rationnel des mathématiques est plus évident encore que celui de la musique.

Il est vrai qu'à Rome le Collége, ou ce que l'on appelle en d'autres pays la Faculté de *philosophie*, n'a jamais porté ce simple titre, mais bien celui de *Collége philosophique et mathématique.*

C'est par les mathématiques que la mécanique, la physique, et en outre, comme le veut Malebranche, la musique peuvent être rattachées à la philosophie.

Ainsi revient la question posée plus haut : Quels sont les rapports mutuels des mathématiques et de la philosophie ?

Malebranche, que nous avons cité d'abord, a écrit dans son traité de la *Recherche de la vérité* deux chapitres intitulés, l'un : « De l'usage de l'imagination pour conserver l'attention de l'esprit, et de l'utilité de la géométrie; » l'autre : « Des moyens d'augmenter l'étendue et la capacité de l'esprit, Que l'arithmétique et l'algèbre y sont absolument nécessaires. »

Ces mots : « de l'usage de l'imagination », dans le premier intitulé, eussent pu être remplacés par ceux-ci, et il importe d'en faire la remarque : « de l'utilité des constructions géométriques. » L'auteur n'a pas autre chose en vue dans cet endroit.

Le P. Malebranche enseigne donc *ex professo* l'utilité des mathématiques alliées à la philosophie, ou mieux encore la nécessité de cette alliance.

L'arithmétique et l'algèbre, dit-il, « apprennent le moyen d'abréger de telle sorte les idées et de les considérer dans un tel ordre, qu'encore que l'esprit ait peu d'étendue, il est capable, par le secours de ces sciences, de découvrir des vérités composées et qui paraissent d'abord incompréhensibles.

« La vérité n'est autre chose qu'un rapport réel, soit d'égalité, soit d'inégalité. La fausseté n'est que la négation de la vérité ou un rapport faux et imaginaire. La vérité est ce qui est; la fausseté n'est point, ou si on le veut, elle est ce qui n'est point. On ne se trompe jamais lorsqu'on voit les rapports qui sont, et l'on se trompe toujours quand on juge que l'on voit certains rapports et que ces rapports ne sont point... Quiconque voit le rapport d'égalité entre *deux fois deux* et *quatre* voit une vérité, parce qu'il voit un rapport d'égalité qui est tel qu'il le voit. De même, quiconque voit un rapport d'inégalité entre *deux fois deux* et *cinq* voit une vérité, parce qu'il voit un rapport d'inégalité qui est. Mais quiconque juge qu'il voit un rapport d'égalité entre deux fois deux et cinq se trompe, parce qu'il pense voir un rapport d'égalité qui n'est point. Les vérités ne sont donc que des rapports, et la connaissance des vérités la connaissance des rapports.

« Il y a des rapports ou des vérités de trois sortes. Il y en a entre les idées, entre les choses et leurs idées, et entre les choses seulement. Il est vrai que deux et deux font quatre ; voilà une vérité entre les idées. Il est vrai qu'il y a un soleil ; c'est une vérité entre la chose et son idée. Il est vrai enfin que la terre est plus grande que la lune ; voilà une vérité qui est seulement entre les choses. De ces trois sortes de vérités, celles qui sont entre les idées sont éternelles et immuables ; et, à cause de leur immutabilité, elles sont aussi les règles et les mesures de toutes les autres, car toute règle ou mesure doit être invariable. Et c'est pour cela que l'on ne considère dans l'arithmétique, l'algèbre et la géométrie que ces sortes de vérités, parce que ces sciences générales règlent et renferment toutes les sciences particulières.

« Or, il faut remarquer que tous les rapports ou toutes les raisons, tant simples que composés, sont de véritables grandeurs, et que le terme même de grandeur est un terme relatif qui marque nécessairement quelque rapport. Tous les nombres entiers sont même des rapports, aussi véritablement que les nombres rompus, ou que les nombres divisés par un autre, ou divisés par quelque autre, quoique l'on puisse n'y pas faire réflexion. Toute grandeur étant donc un rapport, ou tout rapport une grandeur, il est visible que l'on peut exprimer tous les rapports par des chiffres, et les représenter à l'imagination par des lignes. Et ainsi, toutes les vérités n'étant que des rapports, pour connaître exactement toutes les vérités, tant simples que composées, il suffit de connaitre exactement tous les rapports, tant simples que composés. »

De la sorte, le jugement étant, suivant Malebranche, l'expression nécessaire d'un rapport d'égalité ou d'inégalité, le raisonnement emprunterait aux mathématiques le principe qui leur sert de base et leur méthode. Mais les mathématiques auraient pardessus tout cet avantage, qu'elles traiteraient exclusivement des vérités immuables et inaccessibles au changement et aux variations. De là l'intime union des deux sciences, nous voulons dire de la philosophie et des mathématiques, et le secours que l'une reçoit de l'autre.

Nous n'avons pas besoin de rappeler ici que l'ancienne définition du jugement, ainsi formulée : « Le jugement est une opération de l'esprit qui consiste à rapprocher deux idées pour en déterminer le rapport, » a été critiquée par Reid, et par Cousin, dans ses *Leçons* sur la philosophie de Locke, au point de vue d'une théorie purement psychologique du jugement. Le jugement, ont-ils dit, n'est pas uniquement l'expression d'un rapport et d'une comparaison. Ainsi, affirmer Dieu, par exemple, sera l'œuvre d'un jugement ou d'une aperception qui n'a rien d'antérieur.

La doctrine qui réduisait à trois principales toutes les opérations intellectuelles : « concevoir, juger, raisonner, » ne peut être maintenue si l'on admet des jugements primitifs, immédiats, et des jugements ultérieurs, médiats, comparatifs. Le rôle du jugement sera borné si l'on conserve une définition longtemps admise, ou bien la définition sera autre et le jugement deviendra tour à tour une même chose avec la perception extérieure, avec la conscience et tout moyen de connaitre capable de produire une affirmation.

Mais quoi qu'il en soit du mode d'acquisition de nos connaissances, et fallût-il d'ailleurs restreindre le rôle du jugement, les relations étroites de la philosophie et des mathématiques n'en demeurent pas moins démontrées.

Néanmoins, il ne sera pas inutile d'examiner, d'un autre côté, si l'idée que Malebranche nous donne des mathématiques et de leur objet est absolument celle que nous devons en avoir.

On a défini les mathématiques en général : « La science des rapports des quantités. » Malebranche incline visiblement vers cette définition, puisqu'il dit : Toutes les vérités sont des rapports, et tous les nombres entiers sont des rapports aussi véritables que les nombres rompus.

Cette définition des mathématiques n'est peut-être pas, cependant, assez compréhensive, puisqu'elle suppose l'existence des quantités, sans s'occuper des lois de la génération des quantités.

L'idée de quantité n'est point, en effet, une idée primitive; elle se décompose en celles de nombre et de grandeur. Le nombre est une conception abstraite des plus vulgaires, une idée qui nous est suggérée par la vue des objets extérieurs ou par la considération des faits de conscience successifs. Et l'idée de la grandeur, continue, divisible en ses parties, est corrélative à celle de l'unité dans les objets physiques, unité qui se trouve au fond de l'idée de nombre, l'unité étant la condition universelle de l'existence des individus et des phénomènes.

Mais il importe peu que les idées de nombre et de grandeur soient des idées primitives, et non celle de quantité, puisque l'on pourra définir les mathématiques en termes plus généraux : « La science des quantités. » Le nombre entier n'en sera pas moins un rapport, au sens de Malebranche. Il sera vrai que le jugement, dans une signification restreinte, et sans le considérer comme pouvant être confondu en certains cas avec l'affirmation d'une aperception immédiate, est un rapport seulement; il sera vrai que le nombre entier n'est pas tout l'objet des mathématiques, comme tout jugement n'est pas l'expression d'un rapport.

Sans nous arrêter davantage à la théorie du célèbre Oratorien, nous arriverons à une définition des mathématiques à la fois plus complète et plus explicite que celle dont nous avons brièvement discuté la valeur. On les a définies : « La science des lois du temps et de l'espace. »

Le temps est une quantité qui a pour mesure le mouvement et notre durée propre. Le temps est mesuré au dedans de nous par la durée des faits de conscience avant de l'être au dehors par le mouvement. Le mouvement a lieu dans l'espace, comme il s'accomplit dans le temps. Or, le temps et l'espace sont les conditions primordiales du monde physique. Les objets physiques ne sont déterminés qu'au moyen de l'espace et du temps : ce sont là, pour ainsi dire, les formes du monde extérieur. Au temps et à l'espace correspondent la notion du nombre et celle de l'étendue qui, toutes deux, sont l'objet des mathématiques.

Donc, à moins de prétendre que le monde physique et ses lois doivent demeurer indifférents aux spéculations du vrai philosophe, à moins de restreindre le domaine de la philosophie, à moins d'en méconnaitre volontairement une partie importante, il est indispensable d'allier aux études philosophiques la connaissance des mathématiques, et, peut-être, de faire des unes la préparation à l'enseignement de l'autre. Comme l'a dit l'auteur de l'*Anti-Lucrèce* :

Sophiæ germana mathesis.

Comme gymnastique de l'esprit, l'étude des mathématiques est aussi une préparation excellente à l'enseignement philosophique. Les spéculations du mathématicien sont seules comparables à celles du philosophe pour la généralité et l'abstraction des idées dont l'une et l'autre s'occupent.

La langue mathématique acquiert, grâce à l'algèbre, en même temps que la précision, une puissance d'abstraction que la philosophie pourrait envier à bon droit, et cette langue spéciale a été réputée avec raison la plus parfaite de toutes celles qui ont été créées pour le besoin d'une science.

C'est par là même que les mathématiques sont susceptibles de précision plus que la philosophie. Elles forment un ensemble de connaissances étroitement liées les unes aux autres, déduites rigoureusement, pouvant être reconnues sans le secours de l'expérience, mais aussi pouvant toujours être confirmées par l'expérience, avec certaines limites d'appréciation, bien entendu.

En constatant l'étroite union des deux sciences, il est nécessaire pourtant d'en proclamer la mutuelle indépendance. « Si, dans l'exposition des doctrines mathématiques, on rencontrait des principes qui ne pussent être soumis au criterium de l'expérience; si l'on trouvait dans les écrits des géomètres des discussions concernant des questions de théorie que l'expérience ne pourrait trancher, on serait averti par cela seul que ces questions ne sont pas, à proprement parler, mathématiques et scientifiques, qu'elles rentrent dans le domaine de la spéculation philosophique. » (*Dict. des sciences phil.*)

Leibnitz, qui reconnaissait cette union et cette mutuelle indépendance, voulait qu'il fût permis de distinguer les mathématiques de la philosophie d'après le caractère des démonstrations fournies de part et d'autre, celles des mathématiques devant s'appuyer sur le principe d'identité et celles de la métaphysique sur la raison suffisante.

La raison suffisante, principe de certitude suivant Leibnitz, consiste à pouvoir rendre raison de toute vérité qui n'est pas immédiate ou identique, c'est-à-dire à démontrer que l'idée de l'attribut est implicitement contenue dans celle du sujet. Tout raisonnement faux serait, d'après lui, comme une erreur de calcul : une langue bien faite l'éviterait indubitablement.

De la sorte, Leibnitz revenait encore à cette alliance des mathématiques et de la philosophie, au sujet de laquelle M. Cournot a écrit (*Dict. des sciences phil.*) : « En voyant des personnages tels que Leibnitz et Kant mettre ainsi en contraste, opposer l'un à l'autre ces deux grands corps de doctrines qui sont l'objet des spéculations du géomètre et de celles du philosophe, soit qu'on accepte ou qu'on rejette l'explication qu'ils ont donnée de cette dualité ou de cette symétrie contrastante, on est suffisamment averti qu'il doit y avoir pour le philosophe des raisons toutes spéciales de ne pas rester étranger aux théories des mathématiques pures. Il n'est pas mal, sans doute, qu'un philosophe soit encore astronome, chimiste, géologue, botaniste : car toutes nos connaissances s'enchaînent, toutes sont subordonnées dans leur développement aux lois de l'esprit humain, qu'elles manifestent à leur manière, toutes en conséquence sont propres à fournir des exemples qui donnent du relief et du jour aux conceptions du philosophe ; mais pour cette utilité accessoire, l'astronomie, la géologie, la botanique sont des sciences qui peuvent très-bien se remplacer les unes les autres, ou être remplacées par d'autres. On connaît la fameuse inscription de Platon, et il ne viendra à personne l'idée qu'un philosophe puisse écrire sur la porte de son école : « Que nul n'entre ici, s'il n'est chimiste ou géologue ! »

Avant Platon, Pythagore avait attribué une haute importance aux mathématiques, sur lesquelles il avait basé à la fois sa théologie et sa cosmologie. « Afin de justifier le dogme fondamental de l'unité divine, le philosophe de Samos conçut toute une théorie de la formation des nombres, qu'il appliqua à la génération divine. Le Dieu suprême, il en déclarait la nature insondable, la forme incompréhensible, et en cela il s'accordait avec les orphiques ; mais, en tant que principe, Dieu lui apparaissait comme la monade primordiale. Transportant dans la théologie les principes mathématiques, il essayait de donner ainsi à cette science la rigueur et l'évidence de l'arithmétique. En montrant que tout dérive de l'*un* primitif, il forçait les esprits à admettre l'unité de Dieu pour point de départ, et, par la manière dont les nombres s'engendrent les uns les autres, il cherchait à expliquer comment les autres divinités avaient pu naître de la divinité primordiale. C'est de la sorte que Pythagore était conduit à assimiler les dieux à des nombres. Tout devenait nombre pour lui, le ciel, l'âme et la création. L'unité ou monade donnait naissance à la dyade qui, en s'unissant à la monade, engendrait la triade, dans laquelle tout était contenu, parce qu'elle renferme le commencement, le milieu et la fin. On s'élevait ainsi jusqu'à la décade, qui donnait alors le symbole du principe universel. De là l'assimilation des grandes divinités aux douze premiers nombres. » (*Hist. des relig. de la Grèce antique*, par Alf. Maury.)

L'école italique, fondée par Pythagore, venait après l'école ionienne, dont la philosophie fut une philosophie de la nature. « Pythagore prit un point de départ opposé à celui de l'école de Thalès, et suivit une méthode inverse de la méthode empirique des Ioniens. Ceux-ci partaient des faits et s'efforçaient, en les généralisant, de parvenir jusqu'à leurs principes. Leur procédé logique était l'induction. Pythagore partit de l'idée la plus générale et procéda par voie de déduction. Le principe des choses est pour lui l'unité absolue qui comprend tout. Il la désigne sous le nom de *monade*, synonyme de l'Être-principe ou de Dieu. La monade renferme l'esprit et la matière, mais sans séparation, sans division. Ils sont confondus en elle dans l'unité de la substance. De l'unité sort le multiple, et le multiple c'est l'univers. » (*Précis de l'hist. de la phil.*, par les directeurs de Juilly.)

Platon, à l'exemple de Pythagore et de Thalès, ne permit pas à la philosophie l'oubli ou le dédain des études cosmologiques, et il sentit le besoin d'être mathématicien.

Thalès, fondateur de l'école Ionienne, avait basé la philosophie sur le raisonnement. Pythagore avait fait prévaloir la philosophie traditionnelle sur la philosophie rationnelle. Platon vint réunir l'une et l'autre tendance, et il eut aussi, comme ces deux chefs d'école, sa cosmologie, dont il fit l'une des parties essentielles de la philosophie.

Dans le *Timée*, Platon discute longuement les lois physiques du monde. Et ce n'est pas seulement dans ce traité qu'il se montre préoccupé des questions de cosmogonie.

Pour lui, on le sait, la psychologie et la physiologie de l'univers ne forment en réalité que deux branches d'une science unique, puisque l'univers n'est qu'un animal immense. On connait sa théorie sur l'âme du monde, centre commun des âmes diverses qui animent toute la nature.

Mais Platon, pour exposer ses idées, emprunta plus d'une fois les nombres aux Pythagoriciens, et il en enveloppa ses doctrines. L'*un*, par exemple, fut une même chose avec l'être. Platon voulait même que l'étude de la philosophie commençât par les mathématiques. Aristote, qui réfute Platon, dit que, d'après un passage de la *République*, les changements arrivent dans les États quand, en ajoutant la racine cubique du nombre des années à un multiple de cinq, il en résulte deux harmonies, c'est-à-dire quand le nombre de cette figure devient solide ; car alors la nature produit des êtres dépravés et indociles à toute éducation. L'auteur de la *République* paraissait, dans cette circonstance, avoir poussé un peu trop loin l'amour des nombres, au détriment de la clarté.

Aux noms de Thalès, assez versé dans la connaissance des astres pour étonner ses contemporains, en leur annonçant par avance une éclipse de soleil ; de Pythagore, à qui l'on attribue la fameuse table de multiplication, et qui n'est pas moins connu du vulgaire, à cause de cette table, que Thalès prédisant l'éclipse ; de Platon, plus mathématicien encore qu'il n'était poëte, d'autres noms pourraient être ajoutés en assez grand nombre, tels que ceux, dans les temps modernes, de Leibnitz, de Malebranche, dont nous avons parlé déjà, de Descartes, de Spinoza, qui poussa jusqu'à l'abus l'alliance de la géométrie avec l'enseignement philosophique.

Rien n'est donc mieux attesté par l'histoire de la philosophie que l'union étroite, dans le passé, de cette science avec les mathématiques, union qui se révèle surtout à l'époque des systèmes cosmologiques, aux premiers âges de la philosophie grecque.

La philosophie contemporaine, la philosophie du dix-neuvième siècle semble avoir renoncé volontiers à l'alliance des mathématiques, comme elle a renoncé à l'alliance de la théologie. Elle aspire à être indépendante, dit-on, et si elle manifestait quelque préférence, on pourrait dire qu'elle aura recherché plutôt l'alliance exclusive des lettres. L'école positiviste fait néanmoins exception : elle tient en honneur les mathématiques.

L'indépendance ne doit pas être l'isolement. Une science isolée n'est pas une science en progrès; c'est le contraire qui est vrai.

Platon fut un prosateur éminent, un *styliste*, un écrivain dont les qualités littéraires ont mérité, autant que la doctrine professée par lui, l'épithète de divin ajoutée à son nom.

D'autres, après Platon, ont obtenu le titre, ambitionné par eux, et quelquefois décerné par la flatterie, de dignes *émules* de ce maitre illustre. Mais la philosophie, qui ne doit pas assurément rejeter les ornements du langage, n'est point un exercice de rhéteur. Elle relève de la pensée; elle exige les méditations et la réflexion, plutôt qu'elle ne se prête aux artifices de la parole.

La philosophie est bien un peu tombée en discrédit, il faut l'avouer, au milieu de ce siècle si peu propre aux spéculations de la métaphysique. On tente présentement de la relever toutefois.

Sera-ce par le style qu'elle ressaisira les esprits? La philosophie aura-t-elle gagné beaucoup le jour où le philosophe pourrait changer de rôle à son gré et devenir, peut-être, écrivain fantaisiste, en abordant des études soit historiques, soit purement littéraires, dont quelques-unes paraitront rentrer dans le domaine des romanciers? Il ne faudrait pas le croire, et, malgré l'exemple de M. Cousin, il n'est pas bon que la philosophie aboutisse aux mignardises, ou qu'une plume exercée à la métaphysique écrive en quelque sorte des thèses sur les caractères variés de la beauté féminine.

La philosophie alliée à la théologie n'est pas morte certainement. C'est probablement celle qui est la plus vivante en réalité ; mais elle ne vit guère que dans les écoles, jusqu'ici. Nous voulons dire dans les grandes écoles du catholicisme que l'on appelle les séminaires, et dans quelques publications périodiques ou dans quelques écrits inspirés par la pensée catholique, le plus souvent signés d'un nom de prêtre.

La philosophie *littéraire*, s'il nous est permis de l'appeler ainsi, court le monde ; elle conduit à tout, et parfois à quelque chose de plus grand encore. Nous n'en dirons pas davantage.

A ceux qui tentent de relever la philosophie, il est donc nécessaire de rappeler l'antique alliance de cette branche du savoir humain avec les mathématiques, afin que d'abord la philosophie reprenne dans le monde, s'il se peut, son caractère sérieux et qu'elle redevienne elle-même.

Comme gymnastique de l'esprit, les mathématiques semblent aussi, plus que jamais, indispensables à la philosophie dont le domaine a été envahi par l'imagination, par le roman, et, hélas ! par la politique.

La spéculation philosophique manque de vigueur et de force. De là, la stérilité actuelle de la philosophie, qui s'étiole, qui se perd dans les études intimes, qui se laisse absorber, qui s'*enlise* dans les terrains mouvants de la politique.

L'histoire elle-même de la philosophie serait bientôt inaccessible aux philosophes de profession sans les mathématiques, puisque dans cette histoire spéciale on rencontre à chaque page les principes des sciences mathématiques appliqués et commentés au nom de la philosophie ; les forces de la nature exprimées par les nombres ; les lois cosmologiques enseignées sous l'enveloppe des lois mathématiques ; et enfin, les formules ou les procédés mathématiques transportés dans la manière d'exposer les doctrines des philosophes.

Chose étrange ! les hommes de ce temps se vantent de cultiver les sciences, et, plus que toute autre, la science que ses procédés

rigoureux ont fait nommer science exacte. Et ce serait aujour-
d'hui que les philosophes oublieraient de se prévaloir de l'union
des mathématiques et de la philosophie, fondée sur la nature des
choses, fondée sur l'histoire et sur l'expérience des siècles passés !
Serions-nous donc trop peu sérieux pour aborder des discussions
un peu abstraites, et de même qu'il y a une littérature facile, nous
faudrait-il également une philosophie facile, éloignée du progrès
vrai ?

Notre siècle est justement fier, nous le voulons bien, des décou-
vertes accomplies dans le domaine de la nature et des lois qui la
régissent. Mais il appartient à la philosophie de coordonner les
connaissances acquises, de dominer les sciences au nom de la
science, de remonter des faits aux principes. Et comment le fera-
t-elle, si ce n'est en s'appuyant sur les mathématiques, dont les
autres sciences reconnaissent et proclament la légitime autorité ?

Concluons : Des efforts sont tentés au temps actuel pour relever
la philosophie. La philosophie de la fin du dix-neuvième siècle
aspire à être la science, la science totale, prête à répudier son
nom pour prendre cette appellation nouvelle, puisqu'elle juge
toute doctrine en conformité ou en non-conformité avec la sienne,
en disant qu'elle est conforme ou non conforme *à la science*. Et,
par une contradiction manifeste, elle a repoussé son alliance
ancienne et intime avec la science *exacte*, avec les mathématiques ! L'étroite union des mathématiques et de la philosophie est
cependant fondée en raison. Cette union, qui a existé aux plus
belles époques de la philosophie, est justifiée par l'histoire même
de la philosophie ; elle est justifiée par la nature des choses.

Note. Comte, dont la philosophie positive n'est qu'un système évidemment incom-
plet, divise les sciences en trois groupes comprenant les mathématiques, la science des
corps bruts et la science des corps organisés. Le positivisme proclame son horreur
pour l'hypothèse, et se croit autorisé par là à supprimer dans l'ensemble de nos connaissances la métaphysique, la psychologie, la morale, la théologie. La saine philosophie ne doit pas répondre à un exclusivisme par un exclusivisme opposé et refuser
l'alliance des mathématiques pour sauvegarder ou son domaine métaphysique, ou son
indépendance.

APHORISMES PHILOSOPHIQUES : LA LOI MORALE.

La précision du langage mathématique convient aux aphorismes de la philosophie :

1. La maxime socratique : *Connais-toi toi-même* n'est pas seulement applicable à l'étude psychologique du moi, mais aussi à la science morale, qui se base sur le fait de la liberté proclamée par la conscience.

2. La raison est nécessaire à l'acte moral, parce qu'elle est nécessaire à la liberté; c'est une conséquence de la maxime socratique qui importe à la dignité de l'état moral.

3. Le mot *sophia*, qui désigne à la fois la science et la sagesse, n'indique pas, à l'aide de cette double signification, le rôle de la raison dans l'acte moral; mais il établit une confusion préjudiciable entre le savoir et le devoir.

4. Le devoir, déduit de l'idée de la liberté, est ausssi la conclusion légitime du fait primitif de la distinction du bien et du mal, constatée par le remords, la satisfaction de la conscience, l'estime, le mépris, l'indignation.

5. Le fatalisme, dans les œuvres des tragiques grecs, a été plus encore une spéculation théorique qu'une doctrine : les philosophes et les législateurs n'en ont pas tenu compte.

6. Cicéron définit la philosophie, il ne définit pas la loi morale lorsqu'il dit dans le traité *De officiis* : « Sapientia est (ut a veteribus philosophis definitum est) rerum divinarum et humanarum causarumque quibus hæ res continentur scientia. »

7. La loi morale ne serait qu'un calcul d'égoïsme, si elle était renfermée dans cette définition d'Aristote : « La sagesse consiste dans une parfaite modération qui tient l'homme éloigné de tout excès et lui fait éviter les extrêmes, aussi bien dans la vertu que dans le vice. »

8. La définition de la loi morale donnée par Épicure n'est qu'un sensualisme à peine déguisé, lorsqu'il dit : « La sagesse est l'art souverain du bien, et le souverain bien est la volupté et le bonheur. »

9. Zénon n'a point défini clairement la morale, lorsqu'il dit : « La philosophie est la pratique de l'art qui conduit à la sagesse, et cet art de la sagesse est de pratiquer la vertu. »

10. La définition de la loi morale par Gassendi reproduit, avec les mêmes inconvénients, celle de Zénon, lorsqu'il s'exprime ainsi : « La sagesse n'est pas autre chose qu'une disposition de l'âme à bien apprécier les choses et à bien agir dans la vie. »

11. La définition de Platon est la véritable définition de la loi morale, lorsqu'il dit qu'elle consiste « à connaitre et à imiter le souverain bien, c'est-à-dire Dieu lui-même qui est le bien parfait. »

12. Bossuet définit la loi morale, lorsqu'il fait consister la sagesse à « connaitre Dieu et se connaitre soi-même. »

13. Saint Paul définit la loi morale par ces paroles : « Estote imitatores Dei sicut filii charissimi. »·

14. L'Évangile définit la loi morale dans ce peu de mots, et cette définition est la base de tout l'ascétisme chrétien : «Exemplum vobis dedi, ut quemadmodum ego feci vobis, ita et vos faciatis. »

Note. C'est de la loi morale que découle le Droit. Le Droit a ses origines dans la philosophie et dans la théologie. C'est en vain que les positivistes prétendent faire sortir la biologie, ou la science des corps matériels vivants, de la physique et de la chimie, pour faire découler de la biologie elle-même la sociologie, qui remplacera *toute théorie des devoirs basée sur les systèmes métaphysiques.* C'est là une erreur dangereuse.

MÉDECINE ET PHILOSOPHIE.

Descartes était géomètre, mathématicien, comme l'étaient à son époque ceux qui s'adonnaient à l'étude de la philosophie ; mais Descartes a eu le désir d'être médecin pour être encore plus grand philosophe. Il a laissé dans son *Discours sur la méthode*, vie partie, l'expression de ce désir : « Au lieu de cette philosophie spéculative, dit-il, qu'on enseigne dans les écoles, on peut en trouver une pratique, par laquelle, connaissant la force et les actions du feu, de l'eau, de l'air, des astres, des cieux et de tous les corps qui nous environnent, aussi distinctement que nous connaissons les divers métiers de nos artisans, nous les pourrions employer en même façon à tous les usages auxquels ils sont propres, et ainsi nous rendre comme maîtres et possesseurs de la nature : ce qui n'est pas seulement à désirer pour l'invention d'une infinité d'artifices, qui feraient qu'on jouirait, sans aucune peine, des fruits de la terre et de toutes les commodités qui s'y trouvent, mais principalement aussi pour la conservation de la santé. » Il dit encore : « Même l'esprit dépend si fort du tempérament et de la disposition des organes du corps, que, s'il est possible de trouver quelque moyen qui rende communément les hommes plus sages et plus habiles qu'ils n'ont été jusqu'ici, je crois que c'est dans la médecine qu'on doit le chercher. » Et il ajoute qu'il a le dessein de s'employer à la recherche d'une science si nécessaire, si ce n'est qu'il en soit empêché par la brièveté de la vie.

Malgré la parole du maître, cependant, nous ne voyons pas que, depuis Descartes, beaucoup de philosophes se soient faits médecins. Ni Laromiguière, Maine de Biran, Cousin, Jouffroy, Damiron ; ni de Maistre, de Bonald, Balmès ou Ventura, ne se sont sentis poussés vers ce *desideratum* de la science ; ni, au delà du Rhin, les écoles de Kant, Fichte, Jacobi, Schelling,

Hégel. Il y avait de quoi tenter l'esprit d'un de Maistre, peut-être ; mais il n'a pas été tenté. Les philosophes ne sont point allés à l'Ecole de médecine.

Les médecins ne se sont point adonnés, d'autre part, à la philosophie, avec l'espoir d'y régner sans partage. La médecine reste pratique, la philosophie demeure spéculative. Est-ce un bien absolu ? Est-ce un mal relatif ?

La médecine est exclusivement professionnelle, c'est-à-dire alliée à la profession. Ses docteurs paraissent convaincus qu'ils ne peuvent être des spéculatifs purs, « sans pécher grandement contre la loi qui nous oblige à procurer, autant qu'il est en nous, le bien général de tous les hommes. » (Descartes, *loc. cit.*). Tout médecin a sa clientèle ou sa clinique.

Néanmoins, les médecins ont eu, ont et auront des doctrines, n'étant pas exclusivement des doctrinaires, et, par eux, à cause de ces doctrines, des courants d'idées peuvent être établis dans le domaine de la philosophie. Peut-être on verra, sous les noms de biologie, ou de sociologie, ou sous d'autres appellations analogues, surgir une sorte de philosophie propre qui répondra jusqu'à certain point au plan tracé par Descartes, qui s'appuiera sur la connaissance de la force et des actions du feu, de l'eau, de l'air, des astres, etc. Il est certain que des efforts dans ce sens ont été tentés. On a invoqué l'esprit scientifique moderne pour proclamer la légitimité des seuls raisonnements fondés sur l'observation et l'expérience. On a cherché à déduire de la science plus ou moins parfaite des fonctions et des phénomènes de la vie les lois propres à diriger l'individu, la famille, la société. Des erreurs ont été en quelque sorte inévitables ; mais Descartes, il nous semble, reconnaîtrait et ne désavouerait pas ces efforts de la science, qu'il jugerait légitimes comme procédés.

L'alliance des mathématiques avec la philosophie a été profitable à celle-ci dans le passé, et constituerait encore aujourd'hui une forte discipline pour l'esprit humain. L'alliance de la médecine avec la philosophie, aperçue par Descartes comme possible, ou même souhaitable, attend peut-être un initiateur, mais, à coup sûr, elle ne paraîtrait pas en désaccord avec l'esprit du siècle. Puissent toutefois les initiateurs se tenir en garde contre des périls, dont le premier serait le point de départ matérialiste !

Note. Le positivisme avoue son désir de faire table rase du vieux monde, au point de vue des idées et de la science. Dans le domaine de la science, il se croit autorisé à refuser le combat contre tous les représentants de l'*hypothèse* ; mais il doit rencontrer la médecine envisagée comme l'a fait Descartes, et il ne l'aura point pour auxiliaire définitif, lors même que passagèrement elle aurait paru lui être favorable. Nous espérons que la médecine sera, au contraire, son adversaire le plus redoutable : c'est par elle, et par son alliance avec la saine philosophie, qu'il sera vaincu.

Paris. — Imp. Paguier et Cie, avenue d'Orléans, 32.